LES
MONUMENS ANTIQUES
DU
MUSÉE NAPOLÉON,

GRAVÉS PAR THOMAS PIROLI,

AVEC UNE EXPLICATION

PAR J. G. SCHWEIGHAEUSER,

Publiés par F. *et* P. PIRANESI, *frères, à Paris, dans leur Établissement Chalcographique, à l'ancien Collège de Navarre.*

PREMIÈRE LIVRAISON.

15 Germinal, an XII. — 5 Avril 1804.

Publier la Collection entière de ces Monumens, gravés avec exactitude et soin; y joindre une description précise et substantielle, rédigée par d'habiles Antiquaires, tel est le but que se proposent les frères Piranesi.

Voici l'ordre adopté pour l'exécution de cet Ouvrage.

On commencera par les Monumens des Dieux et autres personnages mythologiques.

On donnera ensuite les Monumens relatifs aux tems héroïques.

On passera de là aux Monumens historiques qui seront classés selon l'ordre chronologique des personnages ou des événemens qu'ils représentent.

La Collection sera terminée par les Monumens de pure décoration, et autres morceaux qui ne peuvent entrer dans aucune de ces classes. On rangera ces Monumens selon l'importance de leur objet.

Chaque planche sera accompagnée d'un texte qui contiendra l'indication des idées mythologiques, ou des faits historiques qui ont servi de motifs aux Artistes; la description exacte du Monument, avec les explications nécessaires pour en donner une idée complète; l'indication des restaurations, dont le peu de justesse a quelquefois changé l'esprit du Monument; les dimensions et le genre de pierre de l'original; enfin, l'endroit où il a été trouvé, et le Musée où il a été conservé précédemment.

Chaque Livraison contiendra 10 planches et 20 pages de texte. Il en paraîtra une chaque mois, à compter du 15 Germinal, an XII.

L'Ouvrage entier contiendra environ trois cents planches (c'est le nombre des Monumens antiques que renferme aujourd'hui le Musée Napoléon); il formera trois volumes in-4°.

DE L'IMPRIMERIE
DE LA Vᵉ PANCKOUCKE,
Rue de Grenelle, Nº 321, en face de la rue des
Sᵗˢ-Pères, faubourg Sᵗ-Germain.

LES MONUMENS

ANTIQUES

DU

MUSÉE NAPOLÉON.

LES

MONUMENS ANTIQUES

DU

MUSÉE NAPOLÉON,

DESSINÉS ET GRAVÉS

PAR THOMAS PIROLI,

AVEC UNE EXPLICATION

PAR J. G. SCHWEIGHAEUSER,

PUBLIÉS

PAR F. ET P. PIRANESI, FRÈRES.

TOME PREMIER.

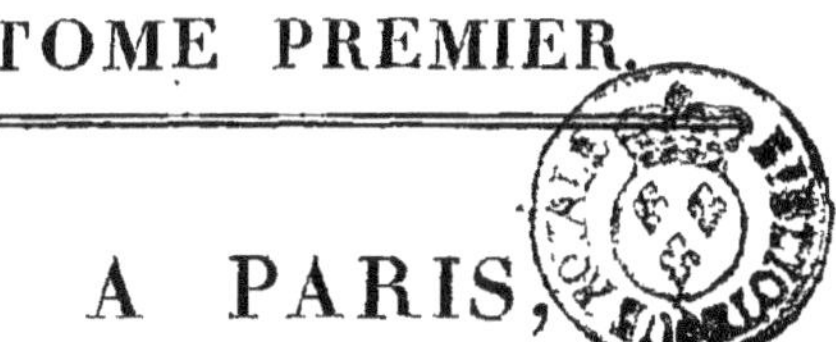

A PARIS,

A L'ANCIEN COLLÉGE DE NAVARRE,
Montagne Sainte-Geneviève;
ET PLACE DU PALAIS DU TRIBUNAT,
Rue Saint-Honoré, N° 1354.

AN XII. — 1804.

AU CITOYEN

JEAN-ANTOINE CHAPTAL,

MINISTRE DE L'INTÉRIEUR,

MEMBRE DE L'INSTITUT NATIONAL DE FRANCE,

SAVANT ILLUSTRE,

PROTECTEUR DES SCIENCES, DES LETTRES ET DES ARTS,

SOUS LE MINISTÈRE DUQUEL

LES MONUMENS ANTIQUES, CONQUIS

PAR BONAPARTE,

ONT ÉTÉ PLACÉS

DANS LE MUSÉE NAPOLÉON.

HOMMAGE

DE DÉVOUEMENT ET DE RECONNAISSANCE

OFFERT

PAR F. ET P. PIRANESI.

AVERTISSEMENT

DES ÉDITEURS.

En publiant les Monumens antiques du Musée Napoléon dans une suite de Gravures, dessinées avec le soin le plus scrupuleux et accompagnées d'une description savante, notre but n'est pas seulement de satisfaire aux desirs des simples Amateurs des Beaux-Arts ; nous avons cherché à offrir en même tems les matériaux d'une instruction solide aux Antiquaires et aux Artistes.

Le grand nombre de Chefs-d'œuvres rassemblés dans ce Musée, et la variété des objets qu'il contient, nous permettaient de former de notre Ouvrage une sorte d'ensemble, une collection complète de Monumens de tous les genres et de tous les styles ; il ne restait plus qu'à trouver l'ordre le plus convenable pour la classification de cette multiplicité d'objets intéressans.

L'ordre des époques de la confection des Monumens et des progrès de l'Art qu'on y observe, ou que l'on croit y observer, paraît au premier coup-d'œil offrir les plus grands avantages, mais lors d'un plus mûr examen on s'aperçoit bientôt que nous avons trop peu de données certaines sur l'histoire des Arts pour que cette classification ne soit pas aussi vague qu'arbitraire. L'ordre historique des personnages ou des évènemens qui font le sujet des Monumens, nous a donc paru préférable. De cette manière les différentes représentations du même sujet, placées l'une à côté de l'autre, se prêtent une lumière mutuelle ; les Amateurs de l'Antiquité et les Artistes, trouvent dans une même suite tous les caractères de chaque Divinité ; tous les portraits de chaque Héros, toutes les circonstances des faits représentés sous différentes formes, tous les costumes de chaque siècle.

D'ailleurs, pour réunir les avantages de l'une et de l'autre classification, toutes les fois qu'il résultera de l'examen d'un Monument quelque fait important pour l'histoire de l'Art, ou quelque particularité remarquable relative à cette histoire, on aura soin d'en faire mention dans la description. M. *Visconti*, ami et principal guide de l'Auteur du texte, ayant fait sur cette matière les recherches les plus savantes et les plus neuves, nous pouvons dire que ses observations seront, ainsi que toutes les idées que nous communiquera cet illustre Savant, une des parties les plus intéressantes de l'Ouvrage que nous offrons au Public..

Par suite du plan dont nous venons de rendre compte, cet Ouvrage commencera par les Monumens relatifs à la Mythologie, classés selon le rang des Divinités. On joindra aux Divinités principales les personnages mythologiques subalternes qui en dépendent. Les Monumens relatifs aux siècles héroïques et aux tems historiques, se suivront, autant que possible, selon l'ordre chronologique. La Collection sera terminée par les Monumens de décoration et autres morceaux qui ne peuvent entrer dans aucune de ces classes; ils seront rangés selon la nature et l'importance des sujets qu'ils représentent.

Nous donnerons les objets dont le Musée pourra s'enrichir pendant l'impression de notre Ouvrage, dans un Supplément, où ils seront classés selon le même ordre.

P. 1re T. 1r

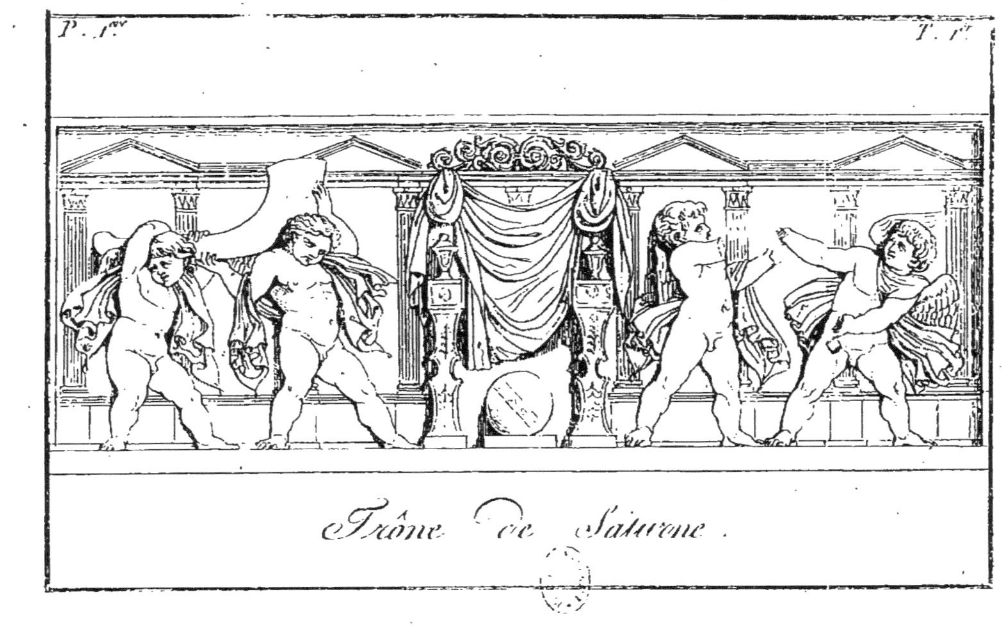

Trône de Saturne.

LES

MONUMENS ANTIQUES

DU

MUSÉE NAPOLÉON.

N°. I.

LE TRÔNE DE SATURNE.

La Faucille antique, appelée *Harpé*, portée par les deux Génies que l'on voit sur la gauche de ce monument, et le globe entouré d'une bande zodiacale qui se trouve sur le marche-pied du trône, ont fait reconnaître ce siége pour être celui du Dieu du Tems. La *Harpé*, dont les artistes postérieurs ont fait la faux et le symbole de la destruction de tout par le pouvoir du Tems, paraît avoir été anciennement un instrument d'agriculture, et l'emblême de cet art dont Saturne était le Dieu; le Zodiaque désigne les révolutions des corps célestes et des saisons. D'autres monumens du même genre représentent les trônes de Neptune, d'Apollon, de Mars ou de Vénus; commandés par la dévotion, ils appelaient la présence invisible de la Divinité ; comme objets de luxe ils ont pu devenir une décoration élégante et variée. Les Génies de la droite sont mutilés, ils paraissent avoir porté le sceptre de Saturne, dont on voit encore un fragment. Ces quatre Génies ailés sont représentés comme des enfans dans l'âge le plus tendre, le fardeau qu'ils portent leur pèse ; ils sont d'un travail exquis, le marbre imite parfaitement les formes gracieuses du jeune âge, les contours des membres sont ondoyans et arrondis, mais leurs muscles, pour n'avoir encore servi qu'aux jeux, n'en sont pas moins marqués, et donnent à la fois l'idée d'une douce mollesse et celle de la force naissante. Les figures et le trône sont placés sur un fond d'architecture d'ordre composite.

Cet intéressant bas-relief de marbre pentélique a environ deux mètres de longueur sur huit centimètres de hauteur (6 pieds sur 2 pieds 10 pouces). Il était conservé depuis long-tems dans la salle des Antiques du Louvre. Il a été décrit, pour la première fois, dans la Notice de la galerie des Antiques du Musée Napoléon, publiée par l'Administration de ce Musée, et rédigée par M. *Visconti*. Il a été expliqué ensuite plus amplement par M. *Millin*, dans le premier volume de ses *Monumens inédits*, Tome I, art. 20. Il est placé dans la salle de l'Apollon.

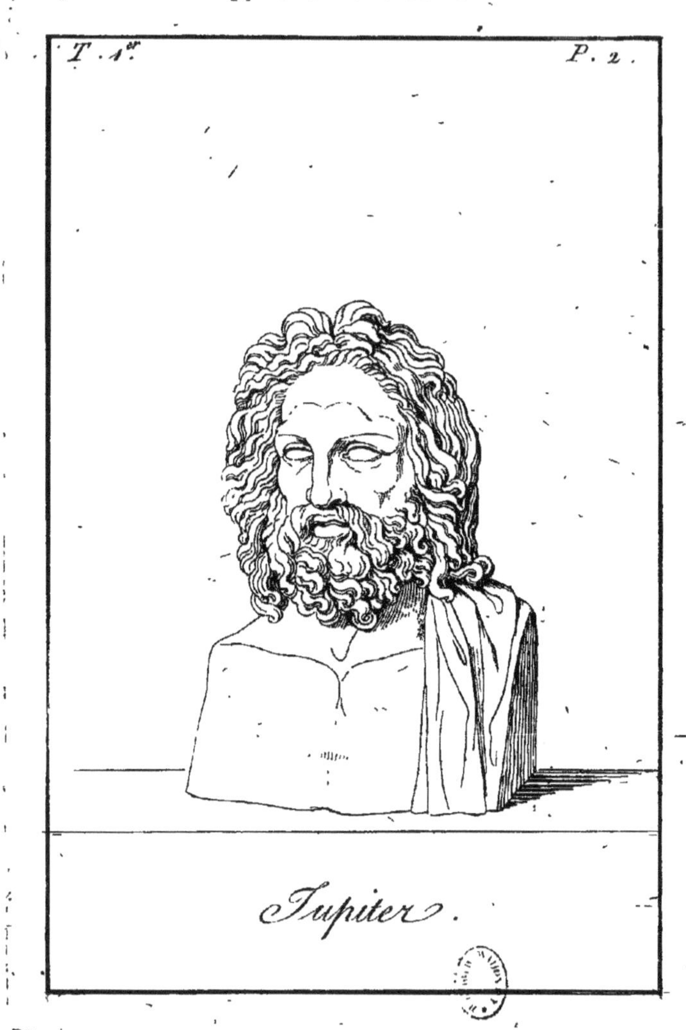

Jupiter.

N°. II.

TÊTE COLOSSALE DE JUPITER.

LES Poëtes de la Grèce ont dévoilé au vulgaire les faiblesses des Dieux, ils ont révélé aux artistes le sublime de leur caractère. Ce n'est point ici ce Jupiter infidèle et passionné que nous présente la fable, c'est le père des Dieux et des hommes, qui pèse dans ses balances d'or les destinées des mortels, accueille avec bonté la prière des justes, et ne lance son tonnerre que pour punir les infractions aux traités ou aux lois de l'hospitalité.

La douceur et la majesté de cette tête la distinguent entre toutes celles qui représentent le fils de Saturne. Son regard est calme et serein, son front est saillant et élevé, le nez s'y joint dans une ligne presque droite et qui ne s'éloigne pas beaucoup de la perpendiculaire, la bouche est légèrement entr'ouverte, mais dans un repos parfait. Tous les traits portent l'expression de la tranquillité jointe à la conscience d'une puissance surnaturelle. Les cheveux sont d'un style grand et large, la barbe se divise en deux belles masses artistement séparées. La tête est ceinte d'un bandeau circulaire appelé *strophium*.

Cette tête est de marbre de *Luni*, elle fut trouvée dans les ruines de la *colonia Ocriculana*, aujourd'hui *Otricoli*, à dix-sept lieues de Rome, et envoyée à *Pie VI*, qui la plaça au Musée du Vatican. Elle paraît avoir fait partie d'une statue colossale; elle a 3 décimètres et demi (13 pouces), depuis la racine des cheveux jusqu'à l'extrémité du menton; le cou et les épaules y ont été ajoutés.

On en trouvera une description plus étendue dans le *Musée Pio Clémentin* de M. *Visconti*, Tome VI, planche 1. Elle est dans la salle du Laocoon.

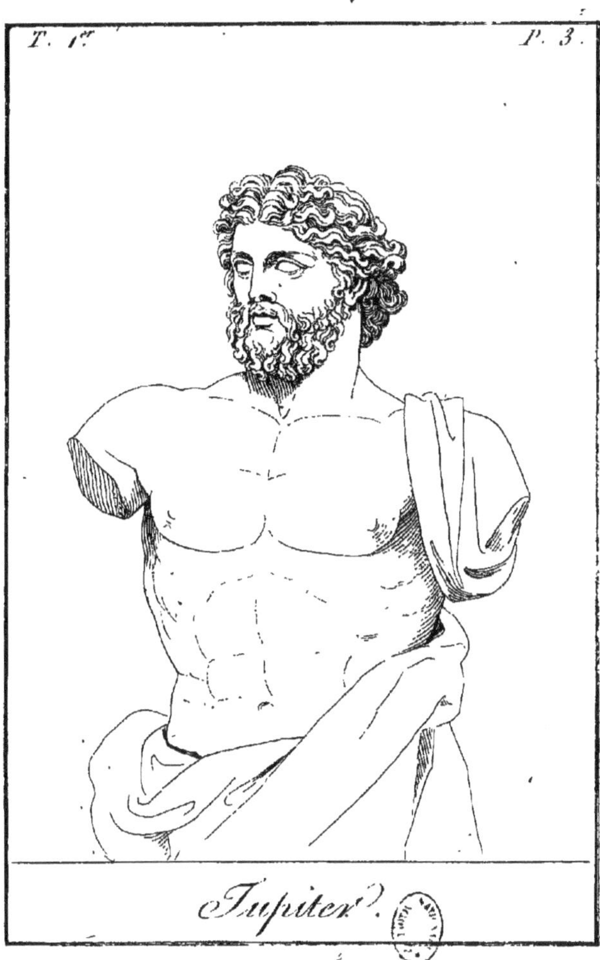

T. 1er P. 3.

Jupiter.

N°. III.

PARTIE SUPÉRIEURE D'UNE STATUE DE JUPITER.

Cette image du père des Dieux est moins majestueuse que la précédente, et d'un style plus gracieux que sévère. L'expression dominante de la figure est celle de la sérénité et de la bienveillance; c'était peut-être un *Jupiter hospitalier.*

Ce fragment, d'un travail excellent, était placé autrefois dans le jardin des *Médicis*, à Rome. Il fut donné, en 1541, par *Marguerite d'Autriche*, duchesse de Camarino, au cardinal *Granvelle*, alors agent de *Charles V*, à Rome. Ce cardinal le transporta à Besançon, où le magistrat en fit présent à *Louis XIV*, lors de la prise de cette ville. Il a été exposé depuis ce tems, d'abord dans les jardins, et ensuite dans le château de Versailles. *Montfaucon* le décrit dans le premier volume de ses *Supplémens*; il croit que ce pourrait être le torse du Jupiter de *Myron*, qui, selon *Strabon*, était dans le temple de ce Dieu au Capitole; mais cette opinion pour laquelle

Montfaucon lui-même ne cite d'autre preuve que la beauté du travail, est combattue par les raisons les plus décisives. *Myron* vivait à Athènes peu d'années après *Phidias*. Selon *Pline*, ses ouvrages étaient du style le plus ancien, et il travaillait presqu'exclusivement en bronze. Non-seulement cette Statue est en marbre, et n'est point du style ancien, mais elle est en marbre de Carrare, et par conséquent sculptée en Italie, à l'époque où les arts de la Grèce fleurissaient à Rome.

La draperie que l'on voit sur l'épaule gauche est moderne; il paraît que la partie supérieure, nue, avait été faite séparément pour être insérée dans une partie inférieure vêtue; c'est ce costume que la plupart des monumens donnent à Jupiter. Ce beau fragment a 1 mètre et 4 décimètres (4 pieds 4 pouces), depuis le haut de la tête jusqu'au milieu du corps où il se termine. Il est placé en ce moment dans la cour du Musée, sur une gaîne moderne.

T. 1er. P. 4.

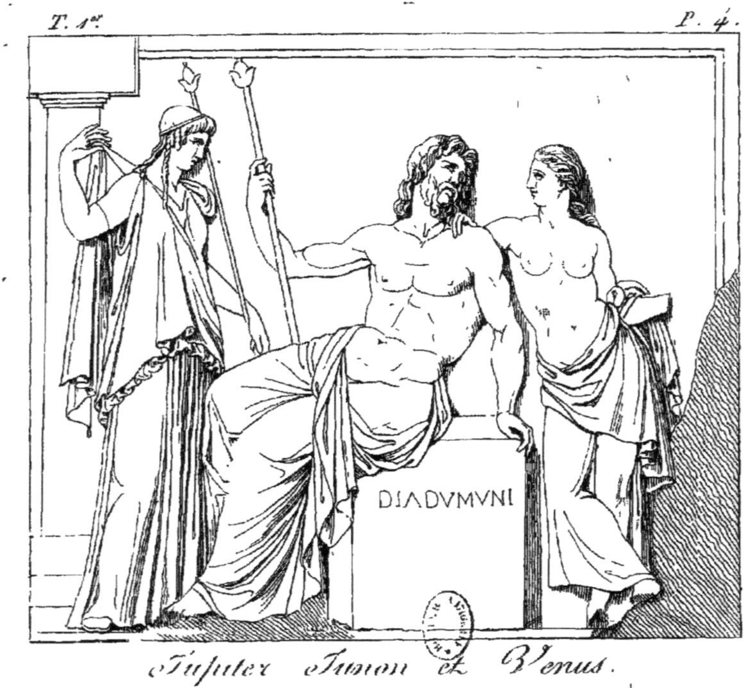

Jupiter Junon et Venus.

N°. IV.

BAS-RELIEF

REPRÉSENTANT

JUPITER, JUNON ET VÉNUS.

JUPITER tenant un sceptre à la main est assis sur une pierre quarrée, entre deux Déesses qui, debout à ses côtés, semblent lui adresser la parole. Junon, vêtue de la tunique et du *peplum* qu'elle relève élégamment derrière l'épaule, tient aussi un sceptre. Vénus, à demi-nue, ainsi qu'elle est souvent représentée par les Anciens, pose une main sur l'épaule du Dieu, qui est tourné vers elle.

Les attitudes gracieuses que le sculpteur a données aux deux Déesses, sont pour ainsi dire consacrées dans les arts, on les retrouve dans un grand nombre de monumens. Le travail est digne de l'ensemble. On en jugerait encore mieux si les figures n'avaient pas un peu souffert.

Peut-être a-t-on voulu représenter, dans ce bas-relief, Jupiter sollicité d'une part pour les

Troyens, et de l'autre, pour les Grecs, par Vénus et par Junon. Peut-être aussi n'était- ce, comme beaucoup de morceaux du même genre, qu'un monument de la dévotion particulière de quelque Romain pour ces trois divinités.

Selon l'opinion très-bien motivée de M. *Visconti*, le mot DIADVMENI qu'on lit sur la pierre sur laquelle est assis Jupiter, est le nom du sculpteur. Le nom Diadumenus était assez commun à Rome. Les monumens qui portent le nom de l'artiste en latin, sont à la vérité fort rares, mais il en existe quelques-uns.

Ce bas-relief, de marbre pentélique, vient du Musée de Turin; il a été gravé, pour la première fois, dans le *Museum Veronense* de *Maffei*. Il a 6 décimètres et un centimètre de hauteur (1 pied 10 pouces sur 1 pied 7 pouces). Il n'est pas encore exposé.

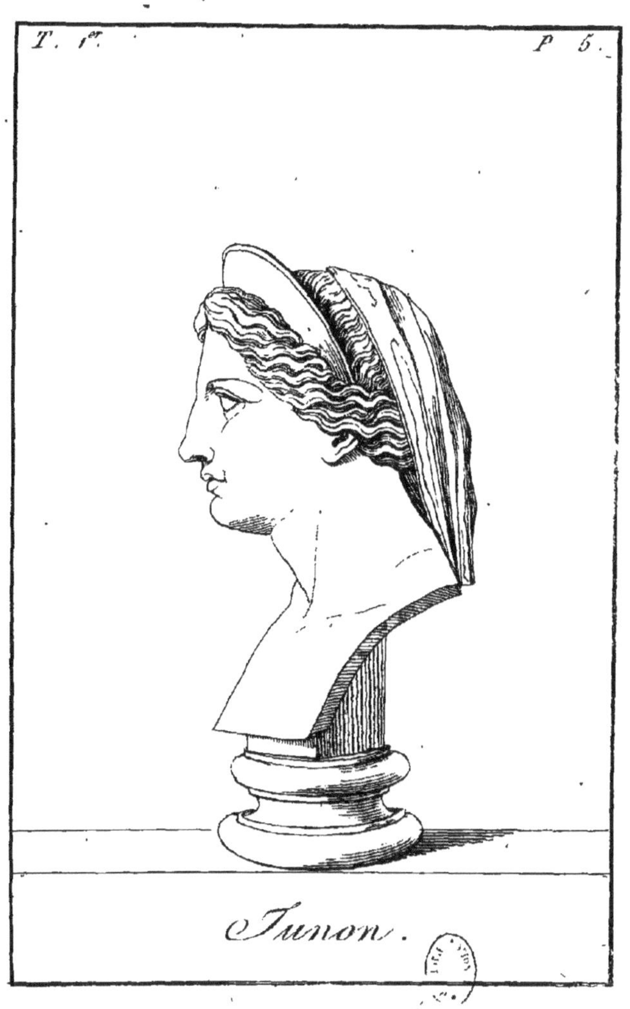

Junon.

N°. V.

TÊTE COLOSSALE DE JUNON.

La noble majesté de cette tête, ainsi que le diadême et le voile qu'elle porte, prouve assez que l'artiste a voulu représenter la reine des Dieux, épouse et sœur de Jupiter. *Homère*, dont les descriptions, aussi remarquables par leur clarté que par leurs beautés poëtiques, ont si souvent servi de guide aux artistes, fait une mention expresse du voile brillant et d'une blancheur éclatante que Junon jette par-dessus ses autres vêtemens, lorsqu'elle va emprunter la ceinture de Vénus pour charmer Jupiter et l'endormir sur le mont Ida. Le voile faisait, en Grèce et à Rome, une partie essentielle de l'habillement des matrones, et convenait éminemment à la majesté dont la poësie et les arts ont voulu entourer Junon, qui était d'ailleurs la Déesse particulière des femmes mariées. Aussi voit-on ordinairement sur les monumens ce vêtement accompagner le diadême et le sceptre, pour faire reconnaître cette divinité. A l'époque où l'on a voulu réduire à des allégories subtiles les fictions poëtiques de la mythologie; on s'est rappelé que Junon était aussi la déesse de l'air, et l'on a vu dans ce voile le symbole des nuages.

Cette tête isolée et sans autres attributs que ceux que nous venons d'expliquer, a 3 décimètres (13 pouces) de hauteur, elle est de marbre pentélique; on l'a fait transporter de Versailles dans le Musée Napoléon, où elle sera bientôt exposée.

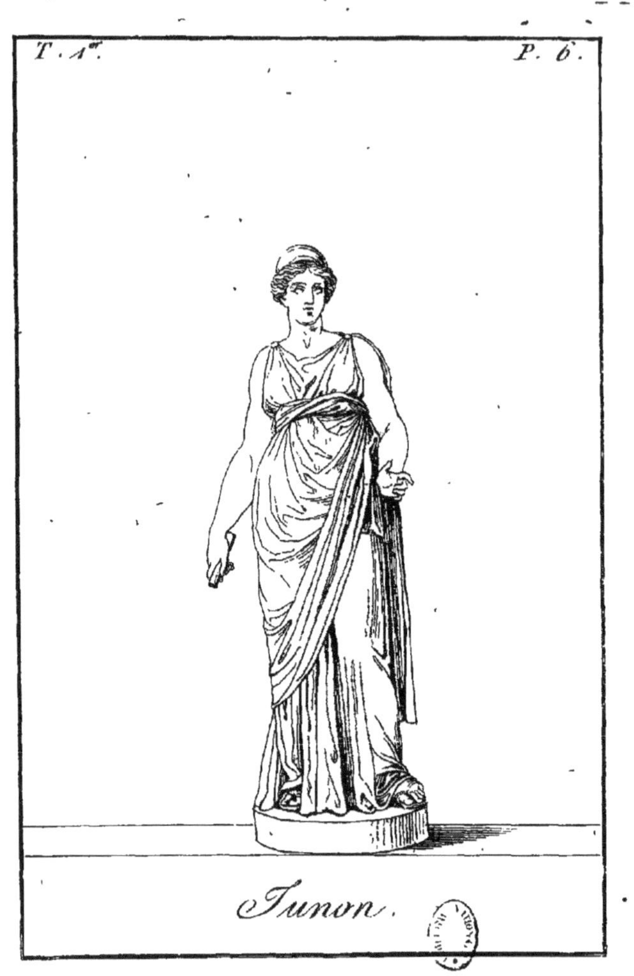

Junon.

N°. VI.

PETITE STATUE DE JUNON.

CETTE jolie petite statue manque, de même que la tête dont nous venons de parler, d'attributs qui puissent en fixer l'objet avec une certitude entière; mais le diadême qu'elle porte, et le caractère sévère et majestueux de la physionomie conviennent mieux à Junon qu'à toute autre Divinité. Les bras sont modernes; peut-être y tenait-elle un sceptre ou une *patère*, symboles qui l'auraient caractérisée encore davantage.

On sait que les Dames Romaines appelaient leur génie tutélaire, leur Junon, et qu'elles juraient par cette Déesse, qui présidait, non-seulement au mariage et à l'enfantement, mais encore à la parure. Ces attributions ont dû multiplier beaucoup les petites images de cette Divinité qui pouvaient servir de pénates aux jeunes femmes ainsi qu'aux matrones.

La draperie de cette statue est traitée avec beaucoup d'art et de goût, et rappelle ce qu'*Homère* dit du vêtement de Junon, qu'il nous peint comme tissu artistement et avec beaucoup de soin, par Minerve elle-même.

Cette figure, haute de 7 centimètres et demi (2 pieds 10 pouces), est de marbre pentélique; elle était depuis long-tems en France; elle est placée dans la salle de l'Apollon.

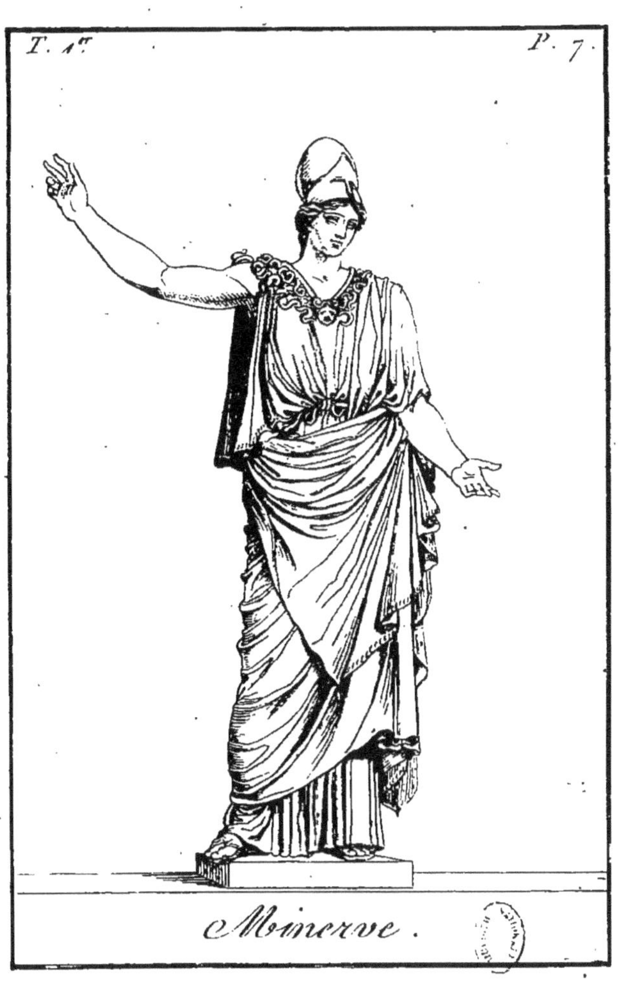

Minerve.

N°. VII.

MINERVE COLOSSALE,

DITE

LA PALLAS DE VELLETRI.

Cet antique chef-d'œuvre ne charme les yeux des amis des arts, que depuis peu d'années. C'est en 1797, qu'avec une admiration mêlée d'étonnement, ils virent sortir du sein de la terre cette image auguste de la fille de Jupiter. L'expression calme, majestueuse, sublime, de cette tête d'une régularité et d'une beauté parfaite, la simplicité du casque et des autres accessoires, les proportions fortes du corps de la Déesse, l'ample draperie qui l'enveloppe et qui en cache en partie les formes; tout cet ensemble imposant et sévère, place l'époque où cette statue a été sculptée dans le tems où l'art avait atteint toute la perfection du beau, mais n'y avait pas encore ajouté les derniers raffinemens de la grâce. Les bords frisés du *peplum* sont une particularité qu'on n'observe que dans les bas-reliefs du *Parthenon* d'Athènes, sculptés du tems de *Périclès* sous la direction de *Phidias*, et dans quelques autres monumens appartenant également, soit comme originaux, soit par imitation, à cette époque reculée. Le *peplum* n'est ordinairement qu'un vêtement léger qui couvre la partie supérieure de la tunique, et que l'on attachait sur les épaules avec des agraffes; mais ici et dans quelques autres monumens du même genre, c'est un vaste manteau, tel qu'était le *peplum* sacré du temple de Minerve à Athènes, ou celui que *Virgile* fait consacrer à cette Déesse par les Troyennes éplorées. C'est ce large vêtement que, dans le cinquième chant de l'*Iliade*, Minerve laisse dans le palais de Jupiter quand elle se revêt de l'armure de ce Dieu pour combattre les Troyens.

Cette statue a été trouvée près de Velletri, ville distante de Rome de neuf à dix lieues, parmi les ruines d'une maison de campagne antique, qui peut avoir été celle où *Auguste* passa son enfance. Elle est de marbre de Paros. Les bras, la tête et les pieds, sont d'un grain plus fin que la draperie. La main droite est restaurée; la main gauche paraît avoir soutenu anciennement une *patère* ou une victoire. Toute la statue a un peu plus de trois mètres de hauteur (9 pieds 9 pouces et 6 lignes).

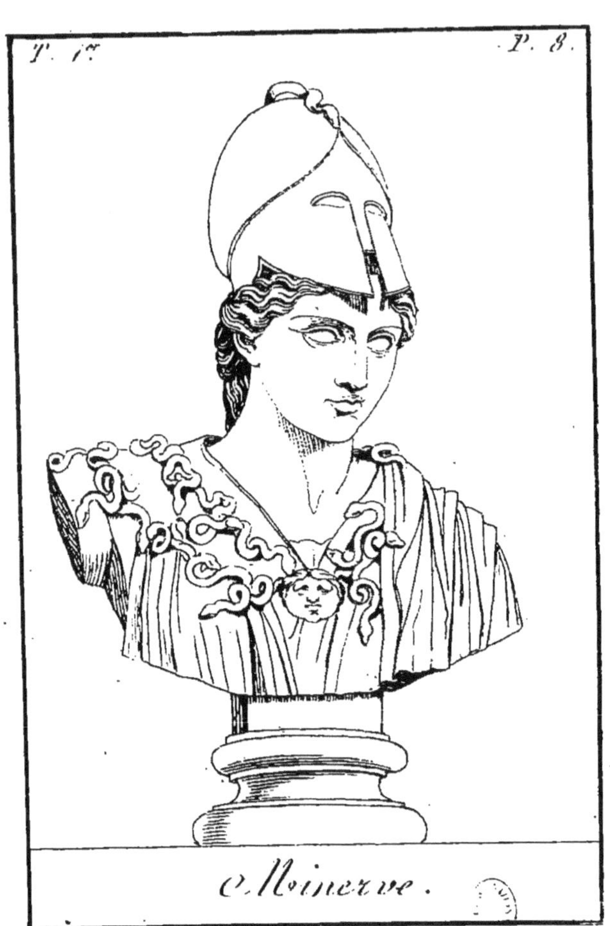

Minerve.

N°. VIII.

BUSTE COLOSSAL DE MINERVE.

L'ATTITUDE et les accessoires de ce buste colossal ont beaucoup de ressemblance avec la statue que nous venons de décrire. L'indication du bras le montre soulevé comme celui de la statue. Selon l'analogie des figures de Minerve que l'on voit sur les pierres gravées et les monnaies, ce bras était censé devoir s'appuyer sur une lance, et celui de la statue tenait vraisemblablement en effet cette arme. Le buste et la statue ont sur la poitrine une tête de Méduse attachée par une double rangée de nœuds formés par des serpens. Cette tête est applatie et plus large que longue, parce qu'elle représente, d'après l'explication ingénieuse de M. *Visconti*, la dépouille même du visage de la Gorgone, arrachée selon un usage qui rappelle ou les lieux les plus sauvages, ou l'antiquité la plus reculée. Les casques de ces deux figures sont de nature à pouvoir être rabattus sur le visage, comme on les voit en effet sur quelques vases étrusques. Ils sont très-profonds, fendus sur le devant, avec des ouvertures plus larges pour les yeux, et une pointe alongée qui s'avance entre les deux côtés pour défendre le nez. La tête du buste est d'un travail moins parfait que celle de la statue; elle en diffère aussi par les paupières qui, dans celle-ci, sont plus saillantes qu'à l'ordinaire, et qui ont même un rebord par lequel l'artiste paraît avoir voulu exprimer les cils.

Ce buste est en marbre pentélique; il a été déterré, il y a environ trente ans, dans les ruines de la maison de campagne de *Licinius Murena*, à trois lieues de Rome. Avant d'être transporté à Paris, il se trouvait à la Villa Albani. Tout l'ensemble de ce Monument a 1 mètre 3 décimètres (4 pieds 2 pouces) de hauteur. Selon toutes les apparences il a été terminé en buste par l'artiste lui-même. Il est placé près de la Pallas de Velletri.

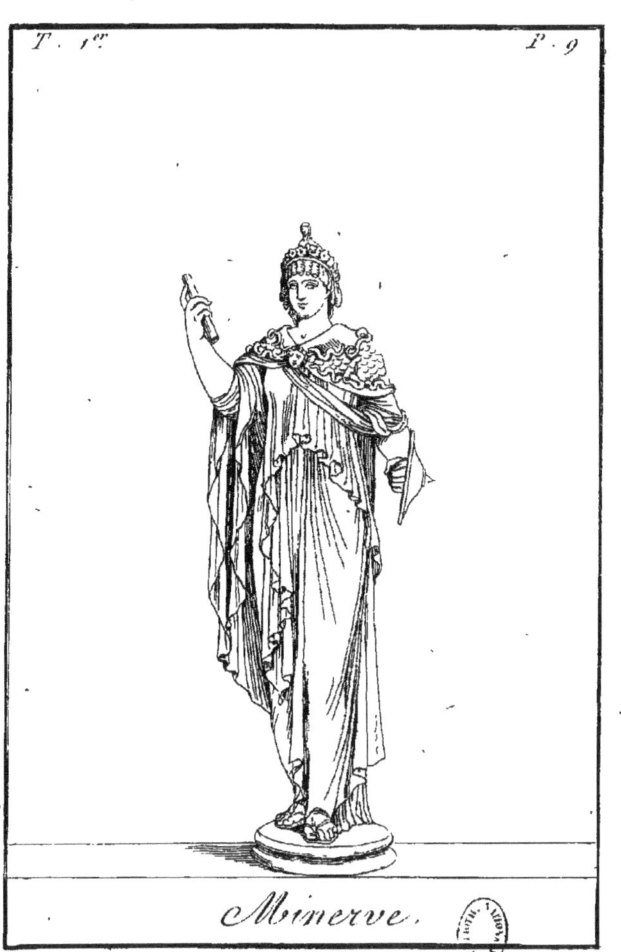

Minerve.

N°. IX.

MINERVE D'ANCIEN STYLE GREC.

Voici une Minerve exécutée dans cet ancien style grec, que l'on a appelé étrusque, parce qu'il s'est conservé plus long-tems en Etrurie que dans la Grèce. On sait aujourd'hui que dans l'origine de l'art ce style appartenait également à l'un et à l'autre de ces pays, entre lesquels d'anciennes colonies avaient établi des communications; mais que les Etrusques ont conservé et même outré les particularités de ces premiers essais, tandis que les Grecs les ont fait disparaître quand ils sont arrivés à la perfection du beau.

La Déesse porte ici l'égide qui manque aux deux précédentes, et cette arme a conservé, dans cette statue, quelque chose de plus de son caractère primitif que dans les suivantes. L'égide, selon l'étymologie même du mot, est une peau de chèvre. Ce vêtement des tems les plus anciens, semble avoir été aussi la première arme défensive, et paraît avoir donné lieu à l'invention de la cuirasse, et même à celle du bouclier. Nous la voyons dans les monumens anciens, tantôt suspendue sur le dos et autour des épaules, tantôt sur la poitrine, et quelquefois sur le bras gauche.

L'égide de la statue que nous décrivons, couvre tout le dos; elle est attachée sur le devant, près de l'épaule droite, par une tête de Méduse, qui lui sert en quelque sorte d'agraffe. Presque toutes les égides ont une bordure épaisse, ornée de serpens. Selon *Hérodote,* ces animaux ne seraient qu'un embellissement des courroies avec lesquelles on attachait les peaux de chèvre, dont les Lybiennes s'habillaient encore de son tems; mais on sait que cet historien aime un peu trop à expliquer les usages de son pays par des usages étrangers, et d'après la manière dont en parlent les poëtes, les serpens me paraissent plutôt avoir passé de la tête de Méduse à l'égide, pour exprimer la terreur que cette arme devait inspirer.

La tête de cette statue est rapportée, elle est aussi du style appelé étrusque; mais elle paraît avoir appartenu à une autre figure. Les bras sont modernes. La statue est de marbre pentélique. Elle est haute de 7 centimètres et demi (2 pieds 10 pouces); elle était conservée autrefois dans le palais ducal de Modène.

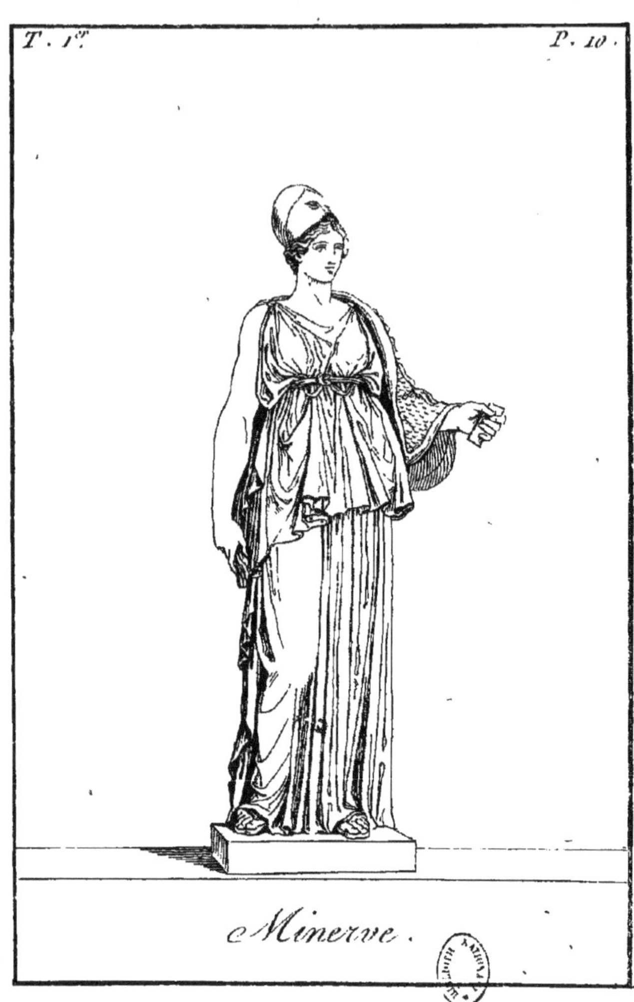

Minerve.

N°. X.

MINERVE DE VERSAILLES.

CETTE Minerve dont la figure est moins sévère et plus gracieuse que celle des précédentes, est vêtue d'une double tunique, dont celle de dessus pourrait aussi être appelée *peplum*, parce qu'elle est beaucoup plus courte que l'autre. Cette double draperie est traitée avec beaucoup de soin et d'élégance. L'égide est portée par le bras gauche de la Déesse. Elle est couverte, ainsi que la précédente, d'écailles de serpens; ornement qui, tout étranger qu'il est à la nature primitive de cette arme, en est devenu pour ainsi dire un complément nécessaire. *Virgile*, en parlant des travaux des Cyclopes, en montre plusieurs à la fois occupés à l'envi à adapter à l'égide de Minerve ces écailles figurées en or.

Ægidaque horriferam, turbatæ Palladis arma
Certatim squamis serpentum, auroque polibant.

ÆNEID. VIII, v. 434.

Le casque imite à peu près la forme de celui que nous avons décrit à l'occasion du buste colossal; mais il ne fait qu'indiquer les ouvertures qui, dans le casque de ce buste et dans celui de la Pallas de *Velletri*, sont figurées avec une scrupuleuse exactitude. Il est décoré, des deux côtés, d'ornemens en forme de fleurons

Le corps de cette statue est de marbre de Paros, et la tête de marbre pentélique; l'un et l'autre étant antiques, la tête doit avoir appartenu à une autre statue de la même Déesse, pareille en grandeur à celle-ci. Elle était exposée autrefois à Versailles, dans le parc de Trianon. Les bras et les mains sont modernes. L'ensemble de la statue a un mètre et 4 décimètres de hauteur (4 pieds 11 pouces). Elle est placée dans la salle des Romains.

Le prix modique de l'Ouvrage le mettra à la portée de tous les Amateurs et de toutes les Écoles publiques et particulières de l'Europe. — Pour les Souscripteurs il sera de six francs par Livraison. — On tirera un petit nombre d'exemplaires sur papier vélin, premières épreuves. Le prix en sera de 12 francs.

Conditions de la Souscription.

On payera 12 fr. en souscrivant. — La moitié de cette somme servira à payer la première Livraison. — L'autre moitié sera imputée au paiement de la dernière; de manière qu'on aura 6 fr. à payer en retirant chacune des Livraisons, jusqu'à la dernière exclusivement. — On ajoutera 30 centimes par Livraison pour les recevoir franches de port.

Les noms des Souscripteurs seront imprimés dans le troisième volume.

Ceux qui n'auront pas souscrit paieront chaque raison 7 fr. 50 cent.

ouscriptions seront reçues et les distributions se feront chez les PIRANESI, à leur Dépôt, Palais du Tribunat, rue Saint-Honoré, N° 1354.

Et au Bureau des *Monumens antiques*, rue de Grenelle, N° 321, en face de la rue des Saints-Pères, faubourg Saint-Germain ; s'adresser au citoyen D. COLAS.

Les lettres et l'argent seront envoyés francs de port.

TABLE
DES MONUMENS ANTIQUES
DU MUSÉE NAPOLÉON,
CONTENUS DANS LA PREMIÈRE LIVRAISON.

www.ingramcontent.com/pod-product-compliance
Lightning Source LLC
LaVergne TN
LVHW020252230826
846091LV00006B/2370